INVENTAIRE

DES MEUBLES

DE

LA REINE JEANNE DE BOULOGNE

SECONDE FEMME DU ROI JEAN

(1360)

PAR

L. DOUËT D'ARCQ

PARIS

1879

INVENTAIRE DES MEUBLES

DE LA REINE JEANNE DE BOULOGNE

SECONDE FEMME DU ROI JEAN

(1360).

Le roi Jean, avant de monter sur le trône et n'étant encore que duc de Normandie, eut deux femmes. La première fut Bonne de Luxembourg, fille ainée de Jean de Luxembourg, roi de Bohême, et d'Élisabeth de Bohême, fille de Wenceslas IV, roi de Bohême. Bonne fut mariée à Melun, au mois de mai 1332, et mourut à l'abbaye de Maubuisson le 11 septembre 1349 [1].

La seconde femme du roi Jean fut Jeanne, première du nom, fille de Guillaume XII, comte d'Auvergne et de Boulogne, et de Marguerite d'Evreux. Le comté de Boulogne était entré dans la maison des comtes d'Auvergne par le mariage d'Alix de Brabant avec Guillaume X, comte d'Auvergne. Ce fut son fils, Robert V, qui le premier prit le titre de comte de Boulogne [2]. Jeanne était née le 8 mai 1326. Elle fut accordée à Philippe de Bourgogne, comte d'Artois, fils unique d'Eudes IV, duc de Bourgogne, par lettres du duc et de Jeanne de France sa femme, données le 26 septembre 1338, et qui sont incorporées dans une confirmation de Philippe de Valois datée du bois de Vincennes, du mois de novembre 1338 [3]. Ce premier mari de Jeanne mourut des suites d'une chute de cheval au siège d'Aiguillon, le 22 septembre 1347 [4]. Elle épousa en secondes noces,

---

1. P. Ans. I, 106.
2. Baluze, *Hist. gén. de la maison d'Auvergne*, t. I, p. 88.
3. Baluze, t. II, p. 189.
4. Baluze, t. I, p. 133.

dans l'église de Sainte-Geneviève de Nanterre, le 19 février 1349 (vieux style, c'est-à-dire le 19 février 1350), le roi Jean qui n'était alors que duc de Normandie, car il ne succéda à son père, Philippe de Valois, que le 22 août 1350. Mais elle fut couronnée à Reims avec son mari le dimanche 26 septembre 1350. Suivant le P. Anselme, elle mourut au château d'Argily en Bourgogne, le 21 novembre 1361. D'après MM. de Sainte-Marthe, étant âgée d'environ 40 ans[1]; elle fut enterrée à Saint-Denis, et son cœur déposé aux Célestins de Paris[2]. » Mais les Sainte-Marthe ne disent pas cela du tout. Voici leur article : « La royne Jeanne de Boulogne, qui fut couronnée avec son mary, mourut en Bourgogne pendant la prison d'iceluy, et n'eut d'enfans de luy, selon du Tillet, quoique Paradin leur donne deux filles[3]. » Elle mourut en 1360, sans enfants du roi Jean. Elle portait écartelé d'Auvergne et de Boulogne (*Auvergne*, d'or au gonfanon de gueules frangé de sinople. *Boulogne*, d'or à trois tourteaux de gueules).

Les historiens ne disent rien de cette Jeanne de Boulogne, et les chroniqueurs peu de chose ; et pourtant cette princesse, pendant les onze années de son règne en France, assista à de bien graves événements : la perte de la bataille de Poitiers, et les États, puis les troubles de 1357 qui en furent la conséquence inévitable. Tout ce que l'on sait d'elle se tire des Grandes Chroniques, qui, à la vérité, sont pour cette époque d'une autorité incontestable, puisque M. Léon Lacabane, dans un excellent mémoire inséré dans la *Bibliothèque de l'École des chartes*[4], a prouvé victorieusement qu'à partir de 1350 elles sont dues au chancelier Pierre d'Orgemont.

Le roi prisonnier, son fils, Charles, duc de Normandie, gouvernait le royaume. Le jeudi 22 février 1357 (1358 nouveau style) le prévôt des marchands, Étienne Marcel, soulève une terrible commotion du peuple de Paris, marche sur le palais à la tête des séditieux, et là, en présence et sous les yeux du duc de Normandie, fait massacrer son maréchal Robert de Clermont, et Jean de Conflans, maréchal de Champagne. Le soir il a une entrevue avec la reine Jeanne. « Et celui jeudi, bien tart, fut ledit prévost des marchans en l'ostel de la royne Jehanne, et là parla à lui[5] moult longuement.

---

1. 44 ans, puisqu'elle était née en 1326 et mourut en 1360.
2. P. Ans., t. I, p. 109.
3. Sainte-Marthe, *Hist. de la maison de France*, t. I, p. 604.
4. Tome II, 1840-1841, p. 57, sous ce titre : « Recherches sur les auteurs des Grandes Chroniques de France, dites de Saint-Denys. »
5. *Parla à luy*, c.-à-d. à la reine.

Et disoit l'en que entre les autres choses que il luy dist, il luy requist que elle feist venir le roi de Navarre à Paris¹. »

Le samedi 24 février 1358, Ét. Marcel vient à la chambre du parlement, accompagné d'une troupe de gens armés, sommer le duc de Normandie de tenir tout ce qui avait été fait dans les États de 1357, et que « il voulsist mettre en son grand conseil trois ou quatre bourgeois que on lui nommeroit » (p. 91)².

Les événements marchaient vite. Deux jours après, le jeudi 26 février (1358), le roi de Navarre entra dans Paris « à moult grant compaignie de gens d'armes, tant de ceux qu'il avoit amenés, comme de ceux de Paris qui estoient alés contre luy³ ; et ala descendre ledit roy en l'ostel de Neelle qui lors estoit au duc de Normendie » (p. 93).

Au mois de juin suivant, on trouve dans les Grandes Chroniques cette mention de la reine Jeanne. « Et la royne Jehanne fut à Laigny; qui moult se penoit de traictier entre ledit régent et ceulx de Paris. Et lors n'y pout aucun traictié estre trouvé : car ceulx de Paris se tenoient fiers et hauts contre ledit régent leur seigneur » (p. 119).

Le dimanche 8 juillet il y eut une entrevue près de l'abbaye Saint-Antoine entre le duc de Normandie et le roi de Navarre « pour accorder ensemble certain traictié que la royne Jehanne avoit pourparlé » (p. 120). « Si parlementèrent ledit régent et ses gens et le roi de Navarre, en présence de ladite royne » (p. 121).

Le roi de Navarre ne tarda pas à accuser le régent d'avoir enfreint le traité. « Et ladite royne Jehanne aloit souvent devers les uns et par devers les autres pour renouveler ledit traictié » (p. 124). On voit qu'elle mettait beaucoup d'ardeur dans ses négociations, et même qu'elle ne craignait pas, au besoin, d'affronter des dangers réels. « Et durant ces choses, la royne Jehanne ala devers ledit régent renouer ledit traictié, et quant elle s'en parti pour aler à

---

1. *Les Grandes Chroniques de France*, éd. Paulin Paris. Paris, Techener, 1838, 6 vol. in-8. T. VI, p. 90. On remarquera que le roi de Navarre, Charles le Mauvais, avait alors de forts appuis à Paris, et par exemple sa sœur, la reine Blanche de Navarre, deuxième femme de Philippe de Valois, qui vécut jusqu'en 1398, et Jeanne d'Évreux, sa tante, troisième femme de Charles le Bel, morte en 1370.

2. Cf. un Acte d'accusation contre Robert Le Coq, évêque de Laon, dans la *Bibl. de l'Éc. des chartes*, t. II, p. 350-387.

3. *Contre luy*, c.-à-d. vers lui, à sa rencontre.

Saint-Denis, encore estoient les batailles sur les champs » (p. 126).

Il y eut encore de nouveaux pourparlers. — « Et finablement furent à accort, par telle manière que ceux de Paris prieroient ledit régent que il leur voulsist remettre son mautalent, et pardonner tout ce que il avoient fait ; et il se mettroient en sa merci, par telle condicion qu'il en ordonneroit, par le conseil de la royne Jehanne, du roy de Navarre, du duc d'Orléans et du conte d'Estampes, concordablement et non autrement » (p. 127).

Par ces différents passages on a pu voir que la reine Jeanne de Boulogne avait fait pendant la régence de Charles, duc de Normandie, tous ses efforts pour le réconcilier avec Charles le Mauvais, réconciliation qui advint assez inopinément, un mercredi 24 août 1359, d'après les Grandes Chroniques (p. 159) qui pourtant omettent de mentionner à cette occasion la reine Jeanne.

En 1352, le roi Jean confirma à la reine Jeanne de Boulogne le douaire qu'il lui avait constitué en l'épousant, lorsqu'il n'était encore que duc de Normandie. Les lettres du douaire sont datées de Léry, du dernier janvier 1349 (v. s.) ; la confirmation du roi, dans laquelle elles sont insérées, est datée de Paris, 13 décembre 1352 [1]. Ce douaire était de 12000 livres tournois en terre assises sur les châtellenies de Tournant et de Torcy en Brie, et sur les châtellenies de Gisors, du Pont-de-l'Arche, de Château-Gaillard et des Andelys, du Vaudreuil et de Vernon en Normandie.

La reine Jeanne usa deux fois du droit qu'avaient les reines de faire grâce à des coupables lors de leur première entrée dans les villes. Le 24 février 1354, à sa première entrée à Vernon, elle donna des lettres de rémission à Pierre Geoffroi de Saligny, dans un cas de guerre privée [2]. Le 1er avril 1357, à sa première entrée dans la ville de Roye, elle donna également des lettres de rémission à un habitant de Machault près Châtel-en-Brie, coupable d'homicide. Ces lettres sont transcrites dans un vidimus du Châtelet du 2 mai suivant [3].

On conserve au Trésor des chartes [4] l'inventaire de ses meubles, que nous publions ici. C'est un rouleau original en papier au fili-

---

1. Arch. nat., reg. JJ 81, pièce 584. Elles sont imprimées dans Baluze, *Hist. de la maison d'Auvergne*, t. II, p. 192.
2. Arch. nat., JJ 81, pièce 297.
3. Arch. nat., L 457, n° 25.
4. Arch. nat., carton J 255, pièce 121.

grane d'une arbalète, de 1 m. 48 cent. de longueur, sur 28 cent. de largeur, et qui porte au dos ces mots : *C'est l'inventoire des meubles la reine*. Il a été fait à Vadans[1] le 1ᵉʳ octobre 1360, et à Roure[2] le 7 octobre. C'était bien peu de temps après sa mort, que Baluze met au 29 septembre 1360, comme on l'a vu plus haut. Il fut fait en présence de monseigneur de Grancy, monseigneur Joceran de Lugny et de maître Pierre Curet. Il comprend 184 articles. Afin que le lecteur en ait un premier aperçu, nous lui en donnons ici la table classée dans l'ordre alphabétique.

Affiches, agraphes, art. 25, 75, 143.
Agnus Dei, 106, 127.
Aiguières, 36, 43, 57.
Albâtre (statuette d'), 128.
Anneaux, 16, 17, 18, 19, 20, 21, 22, 23, 24, 26, 27, 101, 102, 103, 142.
Ataches de manteaux, 46, 55, 130.
Atacboir, 127.
Bassin, 156.
Balais (rubis), 126.
Barillets, 122.
Battues à or (étoffes), 65, 70, 134.
Boîtes, 69, 140.
Bourses, 2, 12, 33, 65, 76, 107, 132.
Boutons, 4, 6, 7, 74, 89, 110.
Brésil (bois de), 97.
Bullettes, reliquaires, 136.
Camocas, étoffe riche, peut-être analogue au cachemire, 2.
Ceintures, 3, 88, 134.
Cercles, sorte de couronnes, 152.
Chandeliers, 93.
Chapeaux d'or, sortes de couronnes ou diadèmes, 10, 54, 81, 82, 83, 86, 87, 151, 153, 154, 155, 160, 161.
Chapeau de cardinal, 137.

Chaperons, 62.
Chappe, 157.
Chatons de bagues, 5, 9.
Corail, 94, 112.
Couronnes, 79, 85, 150.
Couteaux, 15, 66, 146.
Cristal, 71.
Croix, 53, 77, 111, 147.
Croix (la vraie), 147.
Drageoirs, 64, 113, 131.
Drap d'or, 63.
Eguilles, 100.
Emaux, 124.
Emeraudes, 55.
Espingliers, 70, 140.
Etoile (ordre de l'), 27, 145, 159.
Fermails, 44, 45, 59, 60, 61, 78, 98, 148, 149, 159.
Forces, ciseaux, 146.
Fourchettes, 15.
Gibecières, 72.
Gobelets, 37, 38, 39, 40, 41.
Gravouères, meuble de toilette, 129.
Hanaps, 34, 58, 116, 117.
Ivoire (objets en), 90, 91, 92.
Jaspe, 35, 36, 38, 39.
Justes, vases de table, 35.
Langues de serpent, 135.

---

1. Il y a deux Vadans en Franche-Comté, l'un dans le Jura, l'autre dans la Haute-Saône. C'est du Vadans du Jura qu'il s'agit ici, puisqu'il est question plus bas de Poligny, qui est aussi du Jura.

2. Roure ou Rovre, pour Rouvres (département de la Côte-d'Or, arrondissement de Dijon).

Miroirs, 139.
Monnaies, 28.
Mugueliot, et muguelia, sorte d'épice, 7, 67.
Nacre (la), 42, 58.
Nefs, sorte de salières, 115.
Patenôtres, 67, 109.
Peignes, 129.
Pelles, pour Perles, 14, 125.
Plats, 114.
Pommes d'ambre, 84.
Robes, 156.

Salières, 118, 119.
Saignée (ruban pour la), 121.
Saphirs, 51, 52, 95, 99, 144.
Sceaux, 30, 31, 32, 33, 104.
Tableaux, 90.
Tissus, rubans, 108.
Tranchoirs, 120.
Tuiaux à boire, 105.
Vaisselets, 133.
Verges, bagues, 73.
Verre (le), 56.
Vraie-Croix (la), 147.

On voit que dans cet inventaire il n'est fait que très peu mention de l'habillement et de l'ameublement, et qu'il ne s'y trouve rien sur les livres. C'est précisément le contraire pour l'inventaire de la reine Clémence de Hongrie, que nous avons publié en 1851[1].

On trouvera dans notre document trois fois la mention d'objets dits *battus à or*. C'est (art. 65) quatre boursettes battues à or, (art. 70) deux espingliers battus à or, enfin (art. 134) une sainture de soie battue à or. Que faut-il entendre par cette expression *battu à or*? J'avais dit dans ma notice sur les comptes de l'argenterie : « Ce qu'on appelait du cendal battu était une étoffe sur laquelle on avait appliqué de minces feuilles de métal, or ou argent, découpées en diverses figures[2]. » Je m'appuyais sur un passage d'un inventaire de l'argenterie dressé en 1353, où il est question de « cendal azuré battu à fleurs de lis d'or[3]. » Mais cette explication, qu'a bien voulu citer M. Francisque Michel dans son livre sur les étoffes de soie, est tout à fait insuffisante. Voici celle que propose cet auteur : « L'examen attentif d'une ancienne broderie à fond d'or a fait reconnaître que ce fond est formé par des fils métalliques couchés à plat et maintenus par des coutures transversales ; nécessairement ronds dans l'origine, en place ils étaient aplatis. Or cet aplatissement n'a pu avoir lieu qu'après l'exécution de la broderie, au moyen d'un laminage, ce qui est à peu près impossible, ou d'un frottement, ce qui l'est aussi, parce que l'emploi de ce moyen eût dérangé les fils et les eût éraillés, ou enfin au moyen d'un *bat-*

---

1. Voy. *Comptes de l'argenterie des rois de France au XIVᵉ siècle*. Paris, Renouard, 1851, in-8°.
2. *Ibid.*, page XXIII.
3. *Ibid.*, p. 327.

tage, seul moyen raisonnablement praticable. Cet aplatissement, en augmentant la surface des fils, les rapprochait et donnait plus d'éclat au fond d'or. Ne serait-ce pas là ce que l'on appelait *or battu*[1]? Cette explication n'est pas suffisamment claire ; son auteur n'explique pas ce qu'il entend par le mot *battage*. On sait qu'il y a dans le métier à tisser un organe important qui se nomme le *battant*. C'est un cadre de bois, fixé à la partie supérieure du métier et mobile par le bas, qui comprend le peigne par lequel passent les fils de la chaîne. Or, il y a dans le tissage des étoffes trois mouvements distincts : 1° le croisement des fils de la chaîne, ou l'ouverture du pas ; 2° le lancement de la navette pour passer la duite[2] au travers du fil ; 3° le mouvement du battant, mouvement qui tend à serrer la duite. C'est à ce dernier mouvement que nous croyons qu'il faut appliquer l'expression de *battu à or*, par laquelle nous entendons que des fils d'or ont été mêlés à la trame sur certains points et à de certains moments. Cependant il reste des difficultés. Par exemple dans ce passage d'un compte de l'argenterie de la reine Isabeau de Bavière, de l'an 1397, où l'on voit que la *bateure* du cendal était faite par un brodeur : « A Huguelin Arrode, brodeur et varlet de chambre de la royne — fait de bateure tout de neuf douze lez de cendal des armes de France. — Et pareillement pour avoir amendé (réparé) de bateure d'or et d'argent avec ledit ciel, pluseurs des quartiers, porches et fenestres d'icelle chambre[3]. » Ce n'est pas tout ; l'expression ne s'applique pas seulement aux riches étoffes. Voici un cas où il s'agit de la futaine, dans un compte de 1459 : « Pour trois aunes de futaine blanche batue ... pour faire une taye à mectre plume pour ung quarrean à mectre sur le banc où le roy se siet à table[4]. » Voici un autre exemple où le mot *battu* semble bien signifier, comme nous l'avons proposé, l'action du battant du métier à tisser. C'est dans un compte de 1556. « Ruban de soye blanche large de deux doigts, *fort battu*[5]. » Qu'inférer de tout ceci ? C'est que pour tout ce qui concerne la technologie au moyen âge,

---

1. Francisque Michel, *Recherches sur le commerce, la fabrication et l'usage des étoffes de soie, d'or et d'argent et autres tissus précieux*. Paris, 1854, in-4°. T. II, p. 389.
2. La duite, c'est l'allée et le retour de la trame.
3. Arch. nat., KK 42, fol. 133.
4. *Ibid.*, KK 51, fol. 79.
5. *Ibid.*, KK 118, fol. 42 v°.

on n'arrivera à rien de précis et de certain, sans l'aide des spécialités pour chaque métier.

Inventoire faite a Vadans[1] le premier jour d'octobre CCCLX, des biens qui estoient oudit lieu, appartenans a madame la Royne, par monseigneur de Grancy, monseigneur Joceram de Lugny, et maistre Pierre Curet.

1. Primo. Un petit coffre vert, séellé des seauls messire Godeffroy de Boullon[2] et mons. Guillaume de Choraise, chastellain du dit Vadans. Ou quel coffre avoit pluseurs cleiz en un sac seellé du seel la Royne.

2. Item. Une bourcette de camocas pendent à une affiche d'or toute plaine, et deux petites clois[3] pendens à ladicte bourse.

3. Item. Une saincture à toute jour, où il pent une boursecte ouvrée de soie, et une paire de petiz coustiaux.

4. Item. Quatre boutons de grosses pelles; et a ou milieu de chascun un chaton.

5. Item. Une quantité de chatons enveloppés en un drappelet.

6. Item. Huit boutons petiz; en chascun une pelle en milieu.

7. Item. Une douzaine de boutons d'argent plaine de mugueliot[4].

8. Un demi saint, ouvré de pelles.

9. Item. Un pou de chatons en un drappelet.

10. Item. Deux chappiaux d'or sommés de pelles.

11. Item. Une boitelecte d'argent dorée et émaillée, où il avoit un saffir, un ruby et un diament plat, qui ont été mis avec les anniaux ci-dessouz nommez.

12. Item. En une viefs bourse sommée de pelles, trois gros saffirs, l'un en un anneau, l'autre percié parmi, et l'autre bourdé.

13. Environ deux livres de soie de pluseurs coleurs, bailliez à Madamoiselle.

---

1. Département du Jura, arr. de Poligny.
2. C'est Godefroy de Boulogne, seigneur de Montgascon, mentionné en 1367 par Baluze (*Hist. de la maison d'Auvergne*, t. II, p. 166).
3. *Clois*, clefs.
4. *Mugnelio* et mieux *Mugnelia*, mais plus généralement *muglias*. Ce mot peut désigner, soit le *musc*, soit plutôt la *muscade*.

14. Item. Environ quatre onces de pelles, enfilées et à enfiler.
15. Item. Uns petiz coustiaux à porter à sa couroie, dorés, et unes forcectes d'argent.
16. Item. Un anneau d'or à un gros saffir ; et y a XIIII pelles à l'environ.
17. Item. Un rubis en un anneau d'or.
18. Item. Un autre rubis à deux diamens de costé, en un annel d'or.
19. Item. Un autre anneau d'or esmaillié, ou il a v diamens.
20. Item. Un autre anneau d'or esmaillié, où il a un gros diament et deux rubis de costé.
21. Item. Un autre anneau d'or esmaillié ; et un gros rubis.
22. Item. Un autre d'or à un gros diament.
23. Item. Un autre anneau d'or esmaillié, à un diament.
24. Item. Un autre anneau d'or à un balay.
25. Item. Une effiche[1] d'or à un saffir dessus ; et a environ XIII pelles, et ou milieu une pierre vert quarrée.
26. Item. Deux anneaulx d'or sanz pierres.
27. Item. Un petit anneau d'or à l'Estoille.
28. Item. Une fourme d'argent des Royaulx que l'en fait en France ; et est dorée[2].
29. Item. Deux autres moustres d'argent dorées.
30. Item. Le grant seel d'argent de la Royne ; et est cournus[3].
31. Item. Son seel d'or commun, à tout la chaine d'or, pesans environ VI onces.
32. Item. Deux signès d'or, un grant et un petit, et a chascum une teste dedans.
33. Item. Le viefs seel de monseigneur le Duc. Et sont les diz séeaulx en une bourse ouvrée des armes de France et de Boulloigne, seellée de Monseigneur de Grancy.

Les choses dessus dictes ont esté mises en un autre coffre blanc avec autres choses qui sont en ycelli coffre, dont Inventoire n'est pas faite, lequel a esté seellé du seel de monseigneur de Grancy.

Item. *Celui jour à Polligney*[4].
34. Premiers, un hanap d'or esmaillié ou fons de fleurs de liz.

---

1. *Effiche*, pour affiche, agrafe.
2. C'est ce qu'on appelle en numismatique un Dénéral.
3. *Et est cornus*, c.-à-d. ogival.
4. *Poligny*, chef-lieu d'arr. du département du Jura.

35. Item. Une juste, qui est dessous et dessus d'argent dorée, et le vente[1] de jaspe.

36. Item. Une aiguier[2] de jaspe qui a le pié et le couvecle d'or; et environ, pelles et pierres.

37. Item. Un gobelet d'or sanz couvecle, pesant environ marc et demi ; en un estui de cuir.

38. Item. Un autre gobelet de jaspe de pluseurs coleurs, dont la pierre du couvecle est cassée.

39. Item. Un autre gobelet de jaspe couvert, bordé dessus et dessouz d'or; et a pierres et pelles.

40. Item. Un gobelet de cristail couvert d'or, à un pié dessouz, et ou fretel, dessus le couvècle, un saffir et deux pelles.

41. Item. Un petit gobelet d'or à couvècle.

42. Item. Un hanap d'une esquaille de pelles[3] à un pié d'argent doré, et bordé dessus d'argent doré, et le couvecle fait en guise d'une teste de coq dorée.

43. Item. Une aiguière d'argent dorée et esmaillée.

44. Item. Un fermail d'or à quatre gros balez[4] et entre les deux bancz deux grosses pelles et ou milieu un camaieu[5] et deux diamens; et deux sieges wis[6].

45. Item. Un autre fermail d'or petit, en guise d'un chastel à torons[7], une assiecte de trois pelles à un chascun et trois esmeraudelles et trois balez.

46. Item. Une atache de mentel d'or en deux pièces, à une assiette de trois pelles, et entre deux un ruby d'Alixandre après une esmeraudelle.

47. Item. Tressons d'or de pelles[8], et entre deux pelles un rubiet d'Alixandre et une esmeraudelle; et sont en deux pièces.

48. Item. Trois tronssons[9] d'une sainture d'or à charnières, contenant xxix charnières avec la boucle et le mordant ; et a en une des charnières quatre pelles et quatre petiz saffirs entredeux,

---

1. *Le vente*, le ventre.
2. Prononcez *aiguière*.
3. *Esquaille de pelles*, c'est la nacre.
4. *Balez*, rubis balais.
5. *Un camaieu*, un camée.
6. *Deux sièges wis*, deux endroits, deux places vides.
7. *Ou corons*. *Corons*, de couronnes ; *torons*, de tourelles.
8. C'est ici une coiffure d'or enrichie de perles, une sorte de filet.
9. *Trois tronssons*, trois morceaux.

et ou milieu un petit rubiet d'Alixandre; et en l'autre charnière quatre petiz balès et ou milieu une esmeraudelle; et est tout de pierre d'Alixandre.

49. Item. Un chappel d'or contenant viii pièces rondes, en l'une des pièces v gros rubis à iiii pluis petites esmeraudes, et en l'autre iiii esmeraudes un pou plus grantes et ix grosses pelles et un diament petit entre deux pelles; et entre deux assiectes sont assiz deux rubis. Et deffaut ou chappel un rubis et une esmeraude; lequel rubis a esté trouvé.

50. Item. Un petit fremal d'or[1] à ix pelles petites assises trois à trois, et a ou milieu un chien et un serf, et deux esmeraudes et le siège wit d'un autre.

51. Item. Un gros saffir cornu, percié du long.

52. Item. Un autre gros saffir mis en une assiette d'or, qui semble avoir esté d'un chappel.

53. Item. Une petite croisette d'or où il a de vraie croix, à chascun croison trois pelles[2].

54. Item. Cinq pièces de chappel d'or, où il a xiiii pelles à deux assiettes, et vi petites.

55. Item. Une esmeraude assise en or; et samble avoir esté d'une atache.

56. Item. Trois pièces de verre rouge, assise en argent doré.

57. Item. Une autre aiguière d'argent dorée et esmalliée.

58. Item. Henaps d'escaille de pelles, qui est despecié, et un pié d'argent doré et esmallié de quatre emaux ou pié et ou couvecle.

59. Item. Un fremail d'or en façon de quatre demis compas, où il a lettres d'or, où il a viii assiettes de pelles à chascune trois, et y a quatre balès et trois saffirs, et samble que il faille le ve. Ou milieu a un home sauvage d'or et a lettre environ lui.

60. Item Un autre formail de roont seurs? le chief, où il a un gros saffir et onze pelles et deux diamens, et sur le roont six assiette de pelles, chacune de quatre, et entre deux assiettes un diament et six balez à l'environ. Et ou milieu un chien tavelé[3] séant, qui tient un roole lettré.

61. Item. Un petit fremail où il a quatre assiettes de pelles,

---

1. *Frémal*, fermail.
2. A chaque bras de la croix, trois perles.
3. *Tavelé*, moucheté.

chascune de quatre, et ou milieu un saffir que tiennent deux griffons d'or, et y a trois ballez ; et y en faut un par semblant.

62. Item. Trois chapperons de brodeure qui estoient ma dicte Dame, sommées de pelles, l'un de velouel vert, l'autre rouge, et l'autre rose.

63. Item. Environ une aune de drap d'or le champ vert.

64. Item. Un dargoir[1] doré et semé de esmaulz, esmaillié ou fons des armes de Behaigne et de Normandie, dont le pié est en pluseurs pièces et est de massonnerie esmailliée ; et trois cuillers d'argent, deux dorées et une blanche.

65. Item. Quatre boursettes batues à or, les deux pendues ensamble semmées de pelles menues, en chascune bourse trois boutons de pelles.

66. Item. Un coustel à caunivet, en une gaine de viez veluel.

67. Item. Une patrenostres de pelles à seignaux de mugueliot et y a xxxv pelles et vii seignaux.

68. Item. Un chappel d'or de xvi pièces à rondeaulz de pelles, chascun de xii pelles, et ou milieu un balez et en l'autre une esmeraude, et entre deux un gros balez en l'une des euvres, et en l'autre une grosse esmeraude. Et en son les charnières couvertes de rubias et de esmeraudelles d'Alixandre ; et y a deffaut deux esmeraudes.

69. Item. Une boitellette d'ivoire plaine de pelles et chatons.

70. Item. Deux espingliers batus à or, à un lion de pelles d'une part, et d'une aigle d'autre.

71. Item. Un petit potet de cristal garni d'argent doré.

72. Item. Une gibacier[2] de brodure semmé de pelles.

73. Item. Onze verges d'or et argent de diverses manières.

74. Item. Boutons en un drapelet.

75. Item. Une affiche d'or à pierres.

76. Item. Une bourse de brodure à pelles.

77. Item. Une croisettes d'argent dorée une coppesse ou milieu et sur chascun croison trois chatonnes.

78. Item. Un petit fermillot à ix pelles de trois ensamble, et ou milieu une dame qui tient un papegaut.

79. Item. Huit florons d'une coronne à trois pelles à un chief

---

1. *Dargoir*, drageoir. Par les armoiries on voit qu'il avait appartenu à la première femme du roi Jean, Bonne de Luxembourg ou de Bohême.

2. *Une gibacier*, une giberdière.

et quatre à l'autre, garnis de pierrerie d'assés petiz estoffe; et y faut assés de pierres.

80. Item. Huit petiz florons, une pelle au chief dessus un chascun et au dessouz trois balez et une esmeraude ou milieu.

81. Item. Une pièce d'un chappel d'or où il a cinq pelles grosses, trois balez entre deux, et ou milieu un saffir.

82. Item. Une autre pièce de chappel d'orfaverie à un gros saffir ou milieu.

83. Item Une autre pièce de chappel à deux couples où il a vi pelles et ou milieu un safir et trois balez environ.

84. Item. Une pomme d'ambre enchasée d'orfavrerie et de pelles et deux saffirs aus deux bous, et pent à une chaine dorée.

85. Item. Une pièce de coronne à un aigle d'or, au dessus vi pelles et autre perrerie.

86. Item. Deux pièces de chappeau chascune à deux rondiaux de pelles chascune de xii, et ou milieu rubiez et esmeraudelles. Et avec les dis rondiaux a autre euvre de trois balez et de deux pelles d'une sainture.

87. Item. Un chappel d'or de diverses euvres à menues rondeaux chascune de quatre pelles et autre povre perrerie.

88. Item. Un crochet d'une couroie en guise de une nace, à v pelles et iii chatons.

89. Item. Douze pièces d'une bouteneure, à chascune quatre pelles et ou milieu un chastonnet.

90. Item. Uns petiz tabliaux d'ivoire.

91. Item. Un saint Christophe d'ivoire, en boite.

92. Item. Deux boitelettes d'ivoire, en l'une a pelles et en l'autre néant.

93. Item. Un pié de chandelier d'argent.

94. Item. Une broichette de corail.

95. Item. Huit saffirs enchassez en or en manière de florons de coronne.

96. Item. En deux drappelles noés ensamble, chatons et menues pelles mellées ensamble.

97. Item. Quatre batonnes de brézil[1], à faire giès à oisiaux.

98. Item. Un fremail où il a un cuviel et un arbre qui en saut et deux piez bechanz une pelle; et environ vi pelles et autre perrerie.

---

1. *Brézil*, bois précieux.

99. Item. Sur un champ terré vert ront, un gros saffir.
100. Item. Deux esguilles d'or à l'Estoille, esmailliez.
101. Item. Un anneau à un rubis.
102. Item. Un autre à un saffir.
103. Item. Autre à une esmeraudelle.
104. Item. Deux seaulz cornuz et trois petiz roons, froissiez, avec les chaines.
105. Item. Deux tuiaux d'argent à boire malades.
106. Item. Un Agnus Dei enclouz d'un escu d'or, et dessus de brodeure.
107. Item. Une boursette de velouel vuol[1] mis en une pièce de camocas vert.
108. Item. Un tissu de soie noir, sanz ferreure.
109. Item. Deux paires de pastenostres, les unes noires à v croisettes dorées, et les autres rossettes à x croisettes dorées.
110. Item. Cinq boutons d'argent dorés, à lettres et pelles ou milieu.
111. Item. Une croisette d'argent, une branche de corail, un saffir, et menues pelles liées ensamble.
112. Item. Une pièce de corail à deux viroles d'argent esmailliées, et une chainette d'argent.
113. Item. Deux dragoirs, l'un esmaillié et l'autre tout plain.
114. Item. Quatre plaz d'argent à quatre esmaux des armes de Bourgoingne.

Vaisselle[2].

115. Primo. Pour une grant nef d'argent, une juste et une aiguière dorées, un grant hanap d'or esmaillié.
116. Item. Un grant hanap d'argent doré.
117. Item. Quatre grans hanaps d'argent, à un esmail chascun des armes la Royne.
118. Item. Un serf[3] faisant salière, sur un entablement esmaillié.
119. Item. Un autre petit cerf faisant salière sur un entablement esmaillié.
120. Item. Quatre tranchoirs d'argent, quatre chandelliers d'argent pour tables, mis tout en un sac.

---

1. *Velouel vuol*, velours violet ?
2. *En marge* : Premier jour d'octobre à Vadans.
3. *Un serf*, un cerf.

Item. *Le septième d'octobbre jour d'octobbre* (sic) *à Roure*[1].

121. Premièrement. Une bande de soie à seignier, ouvrée.

122. Item. Un petit barillet d'argent doré à teste de lion, pendent à une chaine d'argent.

123. Item. Un monde dant oroille d'or?

124. Item. En un petit drapelet un esmail assis en or, qui samble estre heu d'un chappel.

125. Item. Trois pelles assises en une branchande? d'or.

126. Item. Un balais sanz anneau.

127. Item. Deux petites atachoires d'or, et une esmeraudelle.

128. Item. Une ymage d'albastre sanz teste, en un estui de cuir.

129. Item. Un pingne d'argent doré esmaillié, ou milieu armoié de France et de Bouloingne, et son estui de brodure pendant à un las de soie; et y a une gravière[2] d'argent dorée et armoié comme dessus, et un miroil d'ivoire, sanz lune.

130. Item. Une pièce d'estaiche[3] ainsi comme de mantel, à vi pelles qui sambloient estre d'Escosse[4], et vi autres ovres où il a en chascun une esmeraudelle, un rubiet.

131. Item. Un bien petit dragoir, ensamble la quillier[5] d'argent, tout pesant environ une once.

132. Item. Une bourse toute ouvrée de pelles en guise d'un chastel, à vi boutons de pelles au dessouz et petiz ès pendans.

133. Item. Un petit vaissellet d'argent doré esmaillié, en guise d'une tour à six quarres.

134. Item. Une viez sainture de soie bastue à or à noiaulz d'argent esmailliez, roons et quarrez; la boucle et mordant esmailliez, en la façon d'une roose.

135. Item. Trois langues de sarpent en un arbre d'argent doré, que donna li contes de Montbéliard à la Royne, et ou milieu a quatre pierres diverses assises l'une contre l'autre.

136. Item. Trois bullotes apportées de Oultre-Mer[6].

---

1. Ou *Rovre* pour Rouvres.
2. *Gravière*, plus ordinairement *gravoire*, instrument de toilette pour les femmes, qui servait à faire des raies sur la chevelure.
3. C'est là un fermail ou agrafe.
4. Il est très souvent question de perles d'Écosse dans les comptes. Elles se pêchaient au comté de Fife.
5. *La quillier*, la cuiller.
6. C'était pour mettre des reliques. On lit dans un compte de 1417 : « Une

137. Item. En un estael en guise d'un chappel de cardinal, un Angnus Dei.

Toutes ces choses ont esté remisez oudit coffre.

138. Item. Un petit coffre où estoient les choses qui s'ensuivent.

139. Premiers. Un mirouir d'argent esmaillié et armoié de France et de Beloingne[1].

140. Item. Une boite d'argent à mettre espingles, la façon d'une poire, tout mis audit coffre blanc.

141. Item. En un autre coffre un petit coffret de leton de Roy, où il n'avoit riens dedans; baillié à monseigneur le Duc.

Ce sont les choses qui sont ostées contre la vollumpté et ordenance du seigneur de Grancy de l'Inventoire faite des biens de feu madame la Royne, pour ce que l'en a trouvé quil estoient de monseigneur le Duc.

142. Premiers. Un anneau d'or esmaillié à un gros rubis que le cardinal de Boulongne li donna, si comme il a esté trouvez par la relacion de Montgeu et monseigneur Guillaume de Rocey, chevaliers, et pluseurs autres.

143. Item. Une affiche d'or et un saffir d'or[2] dessus, et y a xiii pelles danviron que ma dame la Duchesse li envoia, si comme il l'a relaté et les autres aussi.

144. Item. Un gros saffir percié, en une queue d'or et en une cordelette.

145. Item. Un petit anneau d'or à l'Estoille.

146. Item. Uns petiz coustiaux dorés, bailliées à Madamoiselle, ensamble les forces d'argent.

147. Item. Une petite croisette d'or où il a de la Vraie Croix, sur le bout de chascun croison, trois pelles.

148. Item. Un frémail d'or en façon de quatre demis compas où il a lettres d'or et huit assiettes de pelles, en chascune trois. Et y a quatre balaiz et trois safirs. Et samble qu'il y faille le ve. Et ou milieu a un homme sauvage d'or et a lettres environ lui.

burlète d'or, de Rodes, esmaillée à personnages à lettres blanches et noires à l'environ. En laquelle a de la haire et du voyle de madame saincte Arragonde (sainte Radegonde), jadis royne de France. Pesant une once. » (Arch. nat. K 500, fol. 2, n° 5.)

1. Armorié de France et de Boulogne, par conséquent postérieur au mariage avec le roi.

2. Un saffir d'or, c.-à-d. un saphir monté en or.

149. Item. Un autre fremail d'or roont seins le chief, où il a un
 os saffir et dix pelles et deux diamans, et sur le roont six
 siettes de pelles chascune de quatre, et entre deux assiettes un
 amant et six balaiz à l'environ et ou milieu un chien tavelé qui
 ent un roole lettrey.

Mémoire que ou chastel de Poullegny est demoré en une
 ambre fermée et cellée dou céel dou seigneur de Grancy grand
 ison d'escrins, de coffretz, de huches et de mallez, en quoy il y
 pluseurs choses robez et aultres besoignez si comme disoient les
 ens de l'ostel et ne furent mie vehuez, pour attendre que le Roy
 a ordenast. Et entre les aultres choses y a deux chambrez de
 rodure. Et plus avent n'en fit le dit sire de Grancy, pour les
 ficiers qui ce despartoient et pour ce que li falut aller aultre part
 our doubte des autres choses qui ne se perdissent, etc.

*Mémoire des joyaux que la Royne a bailliez et fait baillier
à Pierre des Landes et à Pierre Boudet.*

150. Premièrement. Une coronne à grans émeraudes de quoy
 chappel a esté baillié à une part, les quatre grans florons à
 smeraudes à une autre part, et les quatre petiz florons à rubis à
 ne autre part. Et fu baillié par nous et par la dame d'Ourmoy.

151. Item. Un gros chappel que l'on appelle Saint-Denis.

152. Item. Un sècle[1] à rondiaux de pelles et d'aciète de gros
 ubis et de gros saffirs fait à l'ancienne guise. Et l'appelle l'en Le
 happel aus saffirs.

153. Item. Un autre chappel à la nouvelle guise fait en guise
 e losanges, et en l'assiete de perrerie a un rubi et une esmeraude
 un delez l'autre, et pelles à la verge du chappel; lequel est
 ppelé Le chappel au grans losanges.

154. Item. Un chappel à la nouvelle guise et en l'assiette de
 elles et de perrerie en guise d'escuçons et en l'assiette de perrerie
 trois rubis et une esmeraude ou milieu.

155. Item. Un petit chappel à une grele verge et est la verge
 emée de fleurs de liz, lequel j'ay moult cher[2], et est l'assiette de
 uatre grosses pelles et un diamant ou milieu d'un gros rubi en-

---

1. *Un sècle*, un cercle, chapel, couronne, diadème.
2. *Lequel j'ay moult cher*. C'est la reine qui parle. Comme plus bas à l'article 159.

costé de quatre autres grosses pelles en celle mesmes manière et puis une grosse esmeraude; et tout le demourant ensuivant en celle mesmes manière.

156. Item. Une robe de veluiau de trois garnemens, brodée à grosses pelles et menues, et a une penne d'ermines ou manteau; et sont les trois garnemens d'une couleur.

157. Item. Une chappe de veluiau d'autre couleur brodée à grosses pelles et menues.

158. Item. Deux bacins d'argent à barbier, et un bacin d'argent à laver, tout sanz doreure. Les quieux furent vendus de nostre congié dès ce que nous estions à Paris et estoient toutes ces choses cyniées[1].

159. Item. Un large fermau à homme en guisse d'une estoile à grosse pelles, à rubis, à esmeraudes, à diamens, et un gros saffir; lequel est au duc de Bourgoingne nostre filz.

160. Item. Un autre chappel à la nouvelle assiette et est l'assiete de pelles en guise d'escuçons et l'assiette de perrerie quarrée à un rubi ou milieu, et en l'autre une esmeraude et en l'environ de rosettes.

161. Item. Un autre chappel plus petit à rondiaux de pelles, et l'assiete de perrerie est d'un rubi et d'une esmeraude l'un delez l'autre; et la verge du chappel est ouvrée à lettres. Et sont ces deux chappiaux darrière Jehanne de Bourgoingne notre fille[2], et furent renduz par les diz Pierre des Landes et Pierre Boudet.

Et toutes ces choses leur ont esté bailliées par nous, par la dame d'Ourmoy et par messire Yve de Crone.

(Archives nationales. Trésor des chartes, carton J 255, pièce 121.)

1. *Cyniées*, c.-à-d. mises sous scellés.
2. Et de son premier mari Philippe de Bourgogne.

(Extrait de la *Bibliothèque de l'École des chartes*, t. XL.)

Nogent-le-Rotrou, imprimerie Daupeley-Gouverneur.